PREPOSIZIONI

EXERCISE SUPPLEMENT

by Daniele Laudadio & Keith Preble

Editor's Note:

This workbook is best used with Volume 1 of "Piccole Guide" (ISBN: 978-1-365-89127-4).

PREPOSIZIONI

EXERCISE SUPPLEMENT

Simple Prepositions

Simple prepositions are single words that act only as prepositions: **di**, **a**, **da**, **in**, **con**, **su**, **per**, **fra/tra**.

Articulated Prepositions

Simple prepositions (only **a**, **con**, **da**, **di**, **in**, and **su**) change form and combine with the definite article to form **articulated prepositions**.

Improper Prepositions

These are prepositions that can also be other parts of speech, such as verbs, adjectives, and adverbs: **durante**, **insieme**, and **senza**.

Phrasal Prepositions

These prepositions are two or more words where the final word in the phrase is a simple preposition: **per mezzo di**, **a causa di**, etc.

Introduction

This workbook contains exercises to help you practice the grammar you learned in Volume 1 (ISBN: 978-1-365-89127-4) of our language guide series **Piccole Guide** on **Italian prepositions**.

How to use these exercises

These exercises are meant to push you and challenge you to memorize the rules of grammar. Be sure to study the language guide well!

Appendices from the language guide

You will need the appendices in the preposition guide to complete many of the exercises if you have not yet memorized them. Be sure to have the language guide handy to complete those sections.

Answer Key

An answer key is provided at the back of the book so you can check your work. If you have questions, join our Facebook group, **Parola del Giorno**, or leave us a question on Twitter (**@paroladelgiorno**).

Section 1: Simple Prepositions

··

These exercises will help you practice distinguishing between the simple prepositions.

Italian has the following simple prepositions:

- **di**
- **a**
- **da**
- **in**
- **con**
- **su**
- **per**
- **tra/fra**

Almost all of the simple prepositions can be combined with the definite article, <u>but</u> **per** and **fra/tra** are *never* articulated.

These exercises correspond to pp. 2-17 in the language guide.

Esercizio 1

Inserisci la preposizione semplice corretta nelle seguenti frasi. (*Insert the correct simple preposition in the following sentences.*)

1. _____ Italia ci sono molte città d'arte. Ci vorrebbe una vita intera per visitarle tutte!

2. _____ estate, passiamo le vacanze _____ montagna, a casa _____ mia zia.

3. Quello che vedi laggiù è il figlio _____ Mara. Ha trent'anni e già dirige due aziende. E' un lavoratore instancabile.

4. Luca ha detto che arriverà _____ dieci minuti e non sarà solo. Verrà _____ auto e sarà _____ sua sorella Martina, non vede l'ora di farvela conoscere!

5. - "Sto scendendo in cantina, ti serve qualcosa"

-"Se vai _____ , mi prenderesti una bottiglia di vino, per favore? "

6. Raggiungere la piazza centrale è facilissimo: prendete l'autobus 23 dalla stazione e scendete alla terza fermata. Proseguite _____ piedi _____ due minuti e siete arrivati.

7. "_____ dove viene Mario? Il suo accento non sembra spagnolo".

"Viene _____ Madrid, ma è nato e cresciuto _____ San Paolo, _____ Brasile".

8. "Qualcuno ha rotto il vaso di mia nonna durante la festa dell'altro giorno, sai chi è stato?"

"So che il vaso è stato rotto _____ Annalisa e Gianfranco. Non te l'hanno detto?"

9. Il film comincia _____ dieci minuti, sbrigati o non arriverai in tempo!

10. Ogni giorno alle sette _____ mattina faccio una passeggiata _____ il cane. Arriviamo fino al porto e _____ lì torniamo a casa.

11. Mia madre è terrorizzata di volare. Non sale _____ un aereo da quindici anni!

12. I genitori hanno diviso l'eredità in parti uguali _____ i figli. Non volevano che litigassero.

13. I genitori di Sandro gli hanno comprato una vespa _____ andare _____ scuola. Beato lui!

14. Se avete un problema in ufficio, parlatene _____ il capo. Magari lui può aiutarvi!

15. Scusi, l'autobus per Parma parte _____ qui, giusto?

Section 2: Articulated prepositions

....

These exercises will help you practice using *articulated prepositions* (**preposizioni articolate**), which combine with the *definite article* (**l'articolo determinativo**).

These exercises correspond to pp. 18-19 in the language guide.

Esercizio 2

Inserisci le corrette preposizioni articolate nelle seguenti frasi. (*Insert the correct articulated preposition in the following sentences.*)

1. I film preferiti di mio fratello sono quelli _____ alieni. I miei film preferiti sono quelli _____ seconda guerra mondiale. Non ci piacciono decisamente film leggeri!

2. Il sindaco _____ città ha deciso che per risolvere il problema _____ spazzatura assumerà più persone per pulire le strade.

3. Stasera dovrei uscire _____ colleghi ma non ho molta voglia. Preferisco uscire _____ amici.

4. Marta ha incontrato Piero _____ medico. Piero le ha raccontato che sentiva dolore _____ schiena e voleva che il medico la controllasse.

5. Il gatto è salito _____ scrivania con le zampe sporche e ha rovinato il disegno che stavo facendo.

6. La cena a casa _____ suoceri inizierà _____ otto.

7. Prendi i vestiti lavati _____ lavatrice e mettili _____ asciugatrice. Quando saranno asciutti, appoggiali _____ letto, per favore.

8. Puoi sempre contare _____ amici più stretti, dice mia nonna.

9. Oriana ci ha portato una busta di mele che ha appena colto _____ albero. Ne farò una torta, che ne dici, ti piace?

10. Molti animali vivono _____ foresta. Alcuni vivono _____ alberi, altri _____ fiumi, altri ancora _____ tane sotto terra.

11. La preside della scuola ha una riunione _____ mamme e _____ i papà di tutti gli studenti. Vuole spiegare alcuni cambiamenti _____ sicurezza in classe.

12. Credo che mi sia entrato qualcosa _____ occhio. Sta lacrimando ed è gonfio.

13. La maniglia _____ sportello ____ libreria è difettosa. Non si riesce ad aprirlo.

14. Quali sono i tuoi gusti di gelato preferiti? I miei sono il gelato _____ pistacchio, quello _____ nocciola e quello _____ zenzero.

15. Con quale auto andiamo _____ mare? _____ tua o con quella _____ tuoi genitori?

Esercizio 3

Leggi la seguente storia. Fra quelle proposte, inserisci la corretta preposizione semplice o articolata negli spazi bianchi. Puoi usare alcune preposizioni più di una volta. (*Read the following story. Insert the correct simple or articulated preposition in the blanks provided. Some prepositions may be used more than once.*)

sulle – **dai** – **dalla** (**dall'**) – **alla** (**all'**) – **ai** – **sulle** – **delle** – **di** – **da** – **a** – **dei** – **per** – **dalla** – **da**

Sandra ha quattordici anni e suona il pianoforte

_____ cinque anni. _____ tre giorni a

settimana, _____ età di nove anni, Sandra

prende l'autobus _____ stazione centrale fino

_____ città di Note, dove si trova la scuola di

musica più vicina. Essendo un talento naturale,

Sandra ha imparato subito a suonare e si è

esercitata _____ opere _____ compositori più

famosi come Bach, Mozart e Beethoven. Ha

ricevuto, _____ età di undici anni, un premio

_____ pianisti più bravi del suo Paese ed è

finita _____ pagine _____ giornali e _____

riviste _____ musica. Oggi, dopo mesi di prove,

Sandra suonerà per la prima volta un'opera

musicale scritta interamente _____ lei! Quello

che è sorprendente è che l'opera non è solo per

il pianoforte ma comprende anche altri strumenti

These exercises correspond to pp. 18-19 in the language guide.

musicali. Suoneranno insieme _____ lei anche violinisti, chitarristi, trombettieri, arpisti e percussionisti. I genitori di Sandra sono molto emozionati _____ i risultati raggiunti _____ loro bambina. "Non avremmo mai pensato che _____ nostra umile famiglia potesse nascere un genio come Sandra!", hanno detto _____ giornalisti che li intervistavano.

Esercizio 4

Fra quelle proposte, inserisci la preposizione corretta negli spazi bianchi. Puoi usare alcune preposizioni più di una volta. (*Insert the correct simple or articulated preposition in the blanks provided. Some prepositions may be used more than once.*)

dal – al – a – con – per – su – alle – di – da – in – nel – fra – alla – dall' – giù – sul

1.Gallipoli è una bellissima città marittima. Si trova _____ una trentina di minuti da Lecce, _____ Puglia.

2. Mio nonno aveva sempre un fazzoletto _____ stoffa in tasca. Non gli piaceva utilizzare quelli di _____ carta; diceva che erano poco eleganti.

3. Se vai _____ palestra, evita di andarci _____ 18:00. A quell'ora è sempre piena, perché le persone escono _____ ufficio. Meglio se ci vai _____ mattina o _____ pomeriggio.

4. _____ piccola, a Carla non piacevano le verdure. _____ adulta le adora.

These exercises correspond to pp. 2-18 in the language guide.

5. Quest'estate andremo in vacanza _____ Sardegna. Non sappiamo ancora se andarci _____ nave o _____ aereo. Cosa ci consigli di fare?

6. Nessuno sa dirmi dove si trova un buon ristorante di pesce _____ questa città. _____ sei persone che ho fermato, nessuno ha saputo dirmi dove andare!

7. _____ arrivare _____ casa _____ Fabrizia, passa _____ il centro storico. Farai prima.

8. _____ bambino non sapevo a usare lo yo-yo. Non riuscivo a farlo andare né su né giù.

9. Teresa è contenta di andare _____ cinema _____ te. Le piace analizzare il film insieme _____ te. Dice che il tuo punto di vista è sempre originale.

10. Va' _____ cucina e metti questo vassoio di pizzette _____ tavolo. Mettilo _____ i tramezzini e le patatine, per favore.

11. Ci sono cinque persone in attesa _____ dentista. Spero di uscire prima _____ sera!

12. Il contratto finirà _____ tre mesi. Nel frattempo, puoi cercare un nuovo lavoro.

13. _____ centro di Roma puoi vedere i carabinieri _____ cavallo. Sono molto caratteristici.

14. Cento cavalli arabi furono inviati _____ sultano _____ regina come regalo _____ le sue nozze.

15. Ragazzi, volete venire _____ lago con noi? Partiamo _____ 08:00 _____ mattina. Siate puntuali!

Esercizio 5

In ciascuna delle seguenti frasi, seleziona la risposta corretta tra le due opzioni proposte per ogni spazio bianco. (*In each of the following sentences, choose the correct response from the two options provided for each blank.*)

1.Devo andare _____ **dalla/alla** parrucchiera _____ **alle/dalle** 16:00.

2. Vieni _____ **con/a** piedi _____ **dal/al** ristorante? Chiedi _____ **a/da** Stefano se lui viene _____ **in/per** l'auto, magari ti dà un passaggio!

3. "Guarda _____ **giù/su**, verso l'alto" - mi disse il dottore. "Adesso guarda _____ **su/giù**, verso il basso" - continuò.

4. Guarda cosa hai fatto! Hai rovesciato il caffè _____ **su/per** tutto il mio libro! Sta' attento!

5. _____ **Dalle/Alle** 07:00 _____ **di/da** sera verrà a trovarti Anna _____ **con/a** suo marito. Sarai _____ **da/a** casa?

These exercises correspond to pp. 2-19 in the language guide.

6. _____ **Negli/Nei** cassetti _____ **dell'/del** armadio ci sono le lenzuola. Me le prenderesti, per favore?

7. Elisabetta non vuole più sposarsi _____ **con/a** Lucio. Dice che non prova più amore _____ **per/con** lui.

8. Piero è stato punto _____ **dalle/con** le zanzare e adesso ha prurito _____ **su/per** tutta la gamba. Gli ho prestato questa crema che deve spalmare bene _____ **sulla/della** parte interessata, è una crema miracolosa!

9. Oggi alle 15:30 c'è la partita. Vuoi venire _____ **con/da** noi _____ **al/allo** stadio?

10. Oggi in mensa io ho preso le pennette ____ **all'/a** la arrabbiata, il mio collega ha preso un piatto di gnocchi ____ **al/a** il sugo. Io non li ho presi perché non mi piaceva molto l'aspetto ____ **degli/dei** gnocchi.

11. Oggi il governo ha detto che il 20% _____ **dei/degli** lavoratori sopra i trent'anni potrà andare _____ **in/alla** pensione _____ **a/ai** settant'anni.

12. Se fai il bucato, metteresti a lavare queste camicie insieme _____ **con le/alle** enzuola? Grazie.

13. _____ **Tra/In** dieci minuti parte il traghetto per Capri. Dobbiamo fare _____ **in/di** fretta o lo perderemo!

14. Riccardo è proprio una brava persona. Puoi parlare di tutto _____ **con/di** lui e ha sempre buoni consigli da dare.

15. Quando vi trovate _____ **in/nella** Sicilia provate la granita. E' un prodotto tipico _____ **di/per** quella regione.

Esercizio 6

Due ragazzi di Milano si trovano in vacanza a Roma e vogliono raggiungere Piazza di Spagna. Chiedono indicazioni a un signore per strada. Inserisci le preposizioni corrette nel seguente dialogo. (*Two guys from Milano are on vacation in Rome and want to get to the Piazza di Spagna. They ask a man on the street for directions. Insert the correct prepositions in the following dialogue.*)

Consiglio: può esserti utile consultare una mappa di Roma per svolgere questo esercizio. (*Advice: it might be useful to consult a map of Rome while working on this exercise.*)

Ragazzi: "Buongiorno, ci scusi, vorremmo vedere la scalinata di Piazza di Spagna ma non sappiamo come arrivarci. Veniamo _____ Milano ed è la nostra prima volta _____ vacanza a Roma. Ci può aiutare?"

Signore: "Certo! Vediamo... Noi siamo qui, vicino _____ Colosseo. Ecco, vedete, qui è dove siamo _____ mappa. Piazza di Spagna si trova là, indicativamente _____ Piazza del Popolo e Piazza Venezia. Ci arrivate _____ una ventina di minuti _____ piedi".

R: "Ah, bene! Non è lontano. _____ dove ci consiglia di passare?"

These exercises correspond to pp. 2-19 in the language guide.

S: "Se siete in vacanza vi conviene passare _____ Via dei Fori Imperiali. _____ lì si vedono i Fori romani e le rovine del Palatino. _____ fine della strada sarete arrivati _____ Piazza Venezia. Lasciando l'Altare della Patria _____ vostre spalle, attraversate la Piazza e percorrete Via del Corso. Via del Corso è una strada lunga. Percorretela fino _____ metà, fino a quando vedrete Via dei Condotti _____ vostra destra. _____ lì, vedrete Piazza di Spagna. E' un percorso abbastanza facile, non potete sbagliare".

R:"Grazie mille delle informazioni. E' stato molto gentile".

S: "Prego, buon soggiorno _____ Roma, ragazzi".

Esercizio 7

Inserisci le preposizioni corrette nel seguente paragrafo. (*Place the correct prepositions in the following paragraph.*)

Un insegnante fornisce alcune informazioni ai propri studenti su una visita a un mercato di frutta e verdura in Italia. (*A teachers gives some information to her students about visiting a fruit and vegetable market in Italy.*)

Oggi visiteremo un mercato di frutta e verdura. Il mercato, come sapete, è _____ aperto, su questa piazza. È aperto _____ 07:30 _____ 14:00. Ci sono molte bancarelle _____ piazza. Ognuna _____ queste bancarelle vende prodotti locali, che vengono coltivati _____ campagne fuori città e vengono poi venduti _____ stessi agricoltori che li hanno coltivati. _____ questo mercato i prodotti sono di ottima qualità, per questo ogni anno, _____ primavera, ci porto i miei studenti. Come vedete, ci sono molti tipi di frutta e verdura in vendita. _____ banchi trovate cavoli, broccoli, carote, patate, cipolle, mele, pere, kiwi e molto altro. Un consiglio che do _____ studenti è di comprare frutta e verdura di stagione: hanno un sapore più buono, costano meno, e contengono tutte le sostanze di cui il nostro corpo ha bisogno _____ questo periodo

These exercises correspond to pp. 2-19 in the language guide.

_____ anno. Le fragole, ad esempio, sono un frutto primaverile. Crescono _____ fine aprile _____ inizio giugno e sono buonissime! Una verdura primaverile è il carciofo. Il carciofo è un piatto tipico della cucina italiana. Si può mangiare arrosto, fritto o _____ la pasta.

Bene, ragazzi. Adesso tocca a voi. Fate un giro _____ il mercato e osservate i prodotti in vendita. Siete liberi di comprare quello che volete o di non comprare niente. Ricordate che ci vediamo _____ due ore _____ bar "Il Caffè", _____ centro della piazza.

Section 3: Improper prepositions

....

Section 3 helps you practice using some common improper prepositions (**preposizioni improprie**).

Esercizio 8

Inserisci le preposizioni improprie corrette tra quelle proposte. (*Choose the correct improper preposition from the choices provided*.)

tramite – intorno a – sotto – davanti – prima – vicino a – insieme a – fuori – secondo – lungo – contro – entro – dopo – senza – lontano – presso – nonostante – attraverso – sopra – dietro – circa – eccetto

1.Oggi ho inviato il mio curriculum per quella posizione lavorativa. Riceverò una comunicazione dall'azienda _____ due settimane.

2. Mia madre impiega molto tempo a truccarsi _____ allo specchio.

3. "Sei libero adesso? Devo dirti una cosa"

    "Adesso sono occupato. Puoi dirmela _____".

4. Il mare si trova a cento chilometri da qui, è _____ dalla città.

These exercises correspond to pp. 20-21 in the language guide.

5. _____ le difficoltà economiche, la famiglia Rizzo fa sempre beneficienza.

6. Non dovresti rimproverare tuo figlio per ogni errore che fa. _____ me sbagliare serve ad imparare.

7. Non trovo più le mie ciabatte. Credevo di averle messe _____ al letto ma non ci sono!

8. Se dobbiamo fare una foto, i più alti si mettano _____ ai più bassi.

9. Al tramonto, i due innamorati fecero una passeggiata romantica _____ la riva del fiume.

10. Silvia e Sandro si sono lasciati ma Silvia non lo accetta. Ha detto a Sandro che non sa vivere _____ lui.

11. Cosa fai lì _____ _____ la pioggia? Entra in casa!

12. Nel mio hamburger voglio tutto _____ le cipolle. Non supporto la loro puzza.

13. I manifestanti protestavano _____ l'aumento delle tasse.

14. "Anche tu stai andando al concerto? Ci stiamo andando anche noi. Vieni _____ noi, allora!"

15. I topi hanno infestato _____ la casa della vicina, un mesetto fa. Poi, sono passati _____ le tubature e hanno infestato la mia!

16. La terra ruota _____ sole. Lo sappiamo tutti. Come hai potuto sbagliare questa domanda all'interrogazione?

17. "Quanti cucchiai di zucchero hai messo nell'impasto della torta?"

   "Non ricordo esattamente. _____ sei, mi sembra."

18. Anna e Annalisa sono migliori amiche. A scuola si siedono sempre l'una _____ all'altra.

19. Ho fatto un acquisto su internet. Dovrebbe arrivare _____ corriere. Se non sono a casa, lo puoi ritirare tu?

20. L'ape si posò _____ al fiore.

21. L'ufficio della Signora Bianchi si trova _____ il palazzo Rossi, al terzo piano esattamente.

Section 4: Phrasal Prepositions

....

Section 4 helps you practice using phrasal prepositions.

Esercizio 9

Inserisci la corretta *phrasal preposition* italiana negli spazi bianchi. (*Insert the correct phrasal preposition in the blank space provided.*)

1. Il cervo scappò velocemente e si nascose

_____ bosco.

2. I due uffici sono separati da una strada ma si

trovano l'uno _____ altro.

3. _____ sciopero

dei trasporti, oggi dobbiamo andare a piedi al

lavoro.

4. Adesso la nave si trova _____

coste della Spagna e arriverà in Italia fra tre

giorni.

These exercises correspond to p. 22 in the language guide.

5. Devo chiedere un prestito di mille Euro ma non so a chi rivolgermi. Credo che li

chiederò a Enrico _____ amicizia, visto che ci conosciamo da

trent'anni. Speriamo che me li presti!

6. Il rifugio si trova _____ montagna.

7. Gli assessori comunali, _____ sindaca, hanno visitato il nuovo

stadio della città.

8. _____ aumentare le vendite, questo fine settimana ci sarà

uno sconto del 20% su tutti i prodotti in vendita nel negozio.

9. _____ a quello che racconti, sembra che l'esame ti sia

andato benissimo. Hai risposto correttamente a nove domande su dieci!

10. Hai superato molti ostacoli nella tua carriera lavorativa _____

tua tenacia.

11. L'insegnante di educazione fisica aveva tracciato una linea _____

campo che divideva la classe in due gruppi. Dopo averla tracciata, disse: "Quelli che si trovano _____ della linea formeranno la squadra rossa, quelli che si

trovano _____ formeranno la squadra blu.

12. Il marito di Chiara è sempre stato _____ moglie durante i

momenti difficili. Prima l'ha sostenuta quando ha perso il lavoro, poi quando sua figlia

ha litigato con lei. Sono una coppia molto solida.

13. La ristrutturazione della statua, _____ esperti artisti, è durata

quattro mesi.

14. L'e-mail della banca diceva così: "_____ sua richiesta di avere un

prestito, siamo lieti di informarla che lei ha i requisiti richiesti. Passi presso la nostra

sede centrale per discutere i dettagli del prestito quando vuole".

15. Il direttore comunicherà se parteciperà all'evento di beneficienza _____

_____ sua segretaria.

Esercizio 10

Inserisci la preposizione corretta negli spazi bianchi. Ricorda, i verbi presenti nelle frasi richiedono specifiche preposizioni. (*Insert the correct preposition in the blank spaces provided. Remember that the verb in the phrase requires a specific preposition*).

1. Non sono abituato _____ svegliarmi alle 5!

2. Mara si sposa _____ Livio questo sabato.

3. Una società giusta crede _____ libertà di parola.

4. Il lavoro non è facile ma confido _____ tue possibilità.

5. Chiara si dimenticò _____ spegnere il forno e bruciò la pizza.

6. Vuoi dimagrire? Comincia _____ correre.

Exercises 10-13 require the appendices in the language, pp. 23-30.

7. Che presuntuoso! Ma chi si crede _____ essere?

8. Quelle buste sembrano molto pesanti. Ce la fai _____ sollevarle?

9. Ho litigato _____ i miei compagni di scuola. Sono molto arrabbiato _____ loro.

10. Mattia si è laureato due anni fa _____ matematica.

11. Quando finite _____ pulire il giardino, chiedete _____ capo giardiniere dove potete buttare le foglie secche.

12. Nostra madre ce l'ha _____ me e mia sorella perché, nonostante ci abbia proibito _____ entrare in casa con le scarpe sporche, l'abbiamo fatto e adesso la casa è piena di fango.

13. Vuoi un passaggio a scuola? Sali _____!

14. La poliziotta ha aiutato i due anziani _____ entrare a casa.

15. "Mi prometti _____ essermi sempre fedele?" - la sposa chiese allo sposo.

Esercizio 11

Inserisci la preposizione corretta negli spazi bianchi. Ricorda, i verbi presenti nelle frasi richiedono specifiche preposizioni. (*Insert the correct preposition in the blanks. Remember, the verbs in the phrases requires specific prepositions.*)

1. Il dittatore ha vietato alla popolazione _____ manifestare in maniera pacifica.

2. Se scegli _____ smettere di lavorare, assicurati di avere abbastanza soldi per mantenerti.

3. Mio padre si diverte _____ fare lavoretti di giardinaggio nel tempo libero.

4. La famiglia di Sandra ha una panetteria da tre generazioni. La nonna ha insegnato alla madre _____ fare il pane e la mamma l'ha insegnato a lei.

5. Rino non riesce _____ portare a termine niente di quello che inizia. Stamattina ha cominciato _____ pulire la sua stanza da letto, poi si è messo _____ stirare e alla fine ha lasciato tutto in sospeso. Non ha finito _____ fare niente di quello che aveva cominciato!

6. Invece di rinunciare _____ realizzare i miei obiettivi, provo a _____ raggiungerli.

7. Ci siamo proprio divertiti a casa di Luca! Abbiamo mangiato bene, bevuto buon vino e scherzato _____ difetti dei nostri partner. Bella serata!

8. Ti ho detto che non andremo a vedere L'Esorcista a casa di Paolo! Lo sai che non mi piacciono i film dell'orrore. Non insistere _____ questo tema!

9. Ce l'hai _____ me perché non ti accompagno a fare shopping? Sai che oggi non posso accompagnarti!

10. Mio fratello si è incavolato _____ me perché gli ho rotto il suo giocattolo preferito.

11. Ogni volta che i miei genitori partono per una vacanza, mio padre si dimentica _____ annaffiare le piante che teniamo in balcone. Per fortuna mia madre si ricorda _____ annaffiarle!

12. La polizia chiese ai vicini se avessero notato qualcuno di sospetto nel quartiere la sera precedente. I vicini negarono _____ aver notato qualcuno di sospetto.

13. Se ti serve un aiuto con gli esercizi di matematica, chiedi _____ Ornella _____ aiutarti. Lei è un genio!

14. Nonostante il figlio fosse in punizione, i genitori di Paolo gli concessero _____ andare a vedere la partita della sua squadra del cuore.

15. Ti ho detto _____ smettere _____ cucinare cibi grassi, lo sai che sono a dieta! Perché continui _____ farlo?

Esercizio 12

Tra quelle proposte, inserisci all'interno degli spazi bianchi la forma di sostantivo/ aggettivo+di/in/da. (*Insert the correct noun/adjective + di/in/da in the space provided, choosing among the choices below*).

abili nella – **stufa di** – **il diritto a** – **carico di** – **lento nello** – **occupati a** – **utili alla** – **esperta in** – **addetto alle** – **colpevole di** – **maniaco dell'** – **affezionato a** – **costrette a** – **care a lei e a** – **sorprese di**

1. Ogni nuovo anno è _____ buoni propositi. Ma quanti ne portiamo a termine alla fine dell'anno?

2. Mentre i tifosi erano _____ guardare la partita, i ladri rubavano gli oggetti di valore all'interno delle macchine parcheggiate fuori dallo stadio.

3. Quando parlate con mio nonno, armatevi di pazienza. È un po' _____ _____ nello spiegare le cose ma i racconti della sua vita sono imperdibili!

4. Maria era _____ sentire le scuse di Paolo dopo il suo ennesimo tradimento. Decise di lasciarlo.

5. Il capo ha deciso che dobbiamo essere più chiari quando parliamo con i clienti. Per questo, oggi verrà in ufficio la Signora Pollini, un'_____ comunicazione che ci spiegherà alcune tecniche.

6. Se tocchi qualcosa in camera di mio fratello, rimettila esattamente come stava. Lui è un _____ ordine e si ricorda la disposizione di tutti gli oggetti che ha!

7. Oggi siamo andati a visitare la casa d'infanzia di Paolo. È una casa molto carina, in campagna, su due piani. Paolo ci ha detto che ha bellissimi ricordi lì e che è molto _____ quella casa.

8. La garanzia del mio nuovo cellulare è molto vantaggiosa. Per tre anni, ho _____ _____ a cambiare telefono se questo si dovesse rompere.

9. Claudio ha trovato lavoro come_____ vendite in un negozio di scarpe.

10. Bambine, non siete _____ mangiare la torta, se non avete fame.

11. La signora del piano di sopra ci ha mostrato la sua collezione di bambole. Ne ha tantissime e alcune sono molto antiche! Ci ha detto che le bambole sono molto _____ sua figlia. Non ha intenzione di venderle, nonostante valgano molti soldi.

12. Leggi bene le informazioni del problema di matematica. Sono _____ _____ soluzione dell'esercizio!

13. Le zie di Antonia erano molto _____ vederci. Non pensavano che gli avremmo fatto visita.

14. Nella regione Marche, in Italia, gli artigiani sono molto _____ lavorazione del cuoio con cui fanno scarpe e borse di ottima qualità.

15. Sei _____ non avermi detto la verità. Perché mi hai mentito?

Esercizio 13

Inserisci la corretta forma di sostantivo/aggettivo+di/in/da negli spazi bianchi all'interno delle seguenti frasi. (*Insert the correct form of the noun/adjective + di/in/da in the blank space provided in the following sentences.*)

1. Ammetto di essere ipocondriaco. L'armadietto del mio bagno è _____ _____ medicine!

2. La mia casa è _____ dal centro città. Ogni giorno, per andare al lavoro in centro, impiego un'ora.

3. Tamara è la più _____ matematica nella sua classe. La professoressa le ha proposto di partecipare ai campionati

4. "Hai visto le mie chiavi? Non le trovo più eppure ero _____ di averle messi nella mia borsa!"

5. "Domani dovrei andare al centro commerciale, ti va di venire con me?"

"Volentieri. Sono _____ impegni. A che ora partiamo?"

6. "E' un peccato che molte opere teatrali dell'Antica Grecia siano _____ _____ agli studenti più giovani. Da secoli sono alla base della cultura europea!

7. La preside ha convocato i miei genitori nel suo ufficio. Sono _____
sapere per quale motivo!

8. Una multinazionale svedese ha offerto un lavoro a Carla. Dovrebbe trasferirsi a
Stoccolma a giugno ma non sa se accetterà. Sebbene _____
lavorare per una grande multinazionale estera sia allettante, Carla ha paura di sentire
la mancanza di casa.

9. Il nuovo governo è molto _____ tematica
dell'inquinamento. Ha reso obbligatorio il divieto di usare l'auto in città per una
settimana al mese, incentivando l'uso dei mezzi pubblici.

10. Il candidato/la candidata ideale per questo lavoro deve essere _____
_____ a sopportare situazioni di stress e a interagire con un ampio
numero di clienti.

11. Per evitare di confondere la biancheria intima, Sara ha comprato mutande
_____ quelle che usa la sua coinquilina. Era _____
fatto che le mutande continuassero a mischiarsi.

12. Secondo la tradizione italiana, la notte del sei gennaio, la befana (un'anziana
strega che vola su una scopa) regala ai bambini buoni una calza _____
piena di dolciumi; a quelli cattivi, una calza _____
di carbone.

13. Il nuovo ristorante in centro è _____ di moltissimi prodotti vegetariani, vegani e senza glutine. Non solo chi sceglie di non mangiare cibi di origine animale, ma anche chi è _____ al glutine trova ampie opzioni alimentari. E sono tutte buonissime!

14. Che notte magnifica! Guarda, il cielo è _____ stelle!

15. Gli edifici di scienze sono _____ quelli umanistici. Per raggiungere gli uni o gli altri, devi attraversare un ponte.

Esercizio 14

Traduci le seguenti frasi dall'italiano all'inglese. (*Translate the following sentences from English to Italian.*)

* There may be multiple ways of conveying these translations. Focus on choosing the correct preposition!

1. What time does the film start? It starts at 9:30 PM.

_____

_____

2. When I drive to the beach, I always left an hour before. My car is slow.

_____

_____

3. Mom, have you seen my glasses? They aren't on the desk.

_____

_____

4. Lorenzo lives 10 km from us.

_____

_____

5. I will not be late. I am taking the train with Sandra, and we will probably arrive at your place by 8:00 PM.

_____

_____

6. The mother gave a box of candy to her children. "Antonio, these candies are for the both of you. Share them with your sister, Maria."

_____

_____

7. The mouse was followed by the cat.

_____

_____

8. The South African vacation was beautiful. One day we got on the boat and fed the sharks. How scary!

_____

_____

9. These shoes are made of leather. Those are made of cloth.

_____

_____

10. To learn to make a good pizza, ask a pizza maker how to do it.

_____

_____

11. *Don't run around the table, children!*

_____

_____

12. *The students are against the law on the increase in school books.*

_____

_____

13. *According to the police, some of the bank robbers are already millionaires.*

_____

_____

14. *Don't stop in front of the store, go inside, please.*

_____

_____

15. *The crows were sitting on the scarecrow.*

_____

_____

16. *The new train is very fast. You can go from Naples to Venice in three hours.*

_____

_____

17. I put my girlfriend's parent's vase on the shelf in the kitchen.

_____

_____

18. We'll be at your place in ten minutes.

_____

_____

19. Would you like some cheese on your spaghetti?

_____

_____

20. I would like you to drive slower, there is ice on the road!

_____

_____

21. Keep away from the fire, you could burn yourself.

_____

_____

22. There is a stain on the cellphone screen. Clean it, please.

_____

_____

23. The girl took three apples from the basket and put them in the bag.

_____

_____

24. I saw Mrs. Rossi go to the gym with her friends.

_____

_____

Answer Key

Esercizio 1

1) in 2) d', in, di 3) di 4) tra/fra, in, con 5) giù 6) a, per 7) da, da, a, in 8) da 9) tra *or* fra 10) di, con, da 11) su 12) tra 13) per, a 14) con 15) da

Esercizio 2

1) sugli, sulla 2) della, della 3) con i/coi, con gli/ cogli 4) dal, alla 5) sulla 6) dei, alle 7) dalla, nella (nell'), sul 8) sugli 9) dall' 10) nella, sugli, nei, nelle 11) con le, con i, sulla 12) nell' 13) dello, della 14) al, alla, allo 15) al, con la/colla, dei

Esercizio 3

Da, per, dalla (dall'), dalla, alla, sulle, dei, alla (all'), dai, sulle, dei, delle, di, da, a, per, dalla, dalla, ai)

Esercizio 4

1) a, in 2) di, di 3) in, alle, dall', di, di 4) da, da 5) In, in, in 6) in, su 7) per, a, di, per 8) da 9) al, con, a 10) in, sul, fra 11) dal, di 12) fra 13) nel, a 14) dal, alla, per 15) al, alle, di

Esercizio 5

1) dalla, alla 2. a, al, a, in. 3. su, giù. 4. su. 5. alle, di, con, a. 6. nei, dell'. 7. con, per. 8. dalle, su, sulla. 9. con, allo. 10. all', al, degli. 11. dei, in, a. 12. alle 13. tra, in 14. Con 15. In, di

Esercizio 6

da, in, al, sulla, tra *or* fra, in, a, per *or* da, per, da, alla, a, alle, a, alla, da, a

Esercizio 7

all', dalle, alle, in/nella, di, nelle, dagli, in, a, sui, agli, in, dell', da, a, con, per, tra/fra, al, al/nel

Esercizio 8

1. entro 2. davanti 3. dopo 4. lontano 5. nonostante 6. secondo 7. sotto 8. dietro 9. lungo 10 . senza 11. fuori, sotto 12. eccetto 13. contro 14. insieme a 15. prima, attraverso 16. intorno al 17. circa 18. vicino 19. tramite 20. sopra 21. presso

Esercizio 9

1. in mezzo al 2. di fronte all' 3. a causa dello 4. al largo delle 5. a titolo di 6. in cima alla 7. insieme alla 8. allo scopo di 9. in base a 10. in virtù della 11. in mezzo al, al di qua, al di là, 12. al fianco della 13. per opera di 14. in quanto alla 15.per mezzo della

Esercizio 10

1. a 2. con 3. nella 4. nelle 5. di 6. con il/col 7. di 8. a 9. con, con 10. in 11. di, al 12. con, di 13. su 14. a 15. di

Esercizio 11

1. di 2. di 3. a 4. a 5. a, a, a, di 6. a, a 7. sui 8. su 9. con 10. con 11. di, di 12. di 13. a/ad, di 14. di 15. ti, di, di, a

Esercizio 12

1. carico di 2. occupati a 3. lento nello 4. stufa di 5. esperta in 6. maniaco dell' 7. affezionato a 8. il diritto a 9. addetto alle 10. costrette a 11. care a lei e a 12. utili alla 13. sorprese di 14. abili nella 15. colpevole di

Esercizio 13

1. pieno di 2. distante dal 3. brava in 4. certo/a di 5. libero/a da 6. sconosciuti agli 7. ansioso/a di 8. l'opportunità di 9. sensibile alla 10. adatto/a a 11. diverse da, stufa di 12. piena di, piena di 13. fornito di, allergico/allergica a 14. coperto di 15. separati da

Exercise 14

1. A che ora comincia il film? Comincia alle 21:30.

2. Quando vado al mare in auto parto sempre un'ora prima. La mia macchina è lenta.

3. Mamma, hai visto i miei occhiali? Non sono sulla scrivania.

4. Lorenzo vive a 10 chilometri da noi.

5. Non sarò in ritardo. Prendo il treno con Sandra e arriveremo da te per le 20:00.

6. La madre regalo una busta di caramelle ai suoi due figli. "Antonio, queste caramelle sono per tutti e due. Dividile con tua sorella Maria."

7. Il topo era inseguito dal gatto.

8. La vacanza in Sud Africa è stata bellissima. Un giorno siamo saliti sulla barca e abbiamo dato da mangiare agli squali. Che paura!

9. Queste scarpe sono di cuoio. Quelle sono di stoffa.

10. Per imparare a fare una buona pizza, chiedi come si fa a un pizzaiolo.

11. Non correte intorno al tavolo, bambini!

12. Gli studenti sono contro la legge sull'aumento dei libri scolastici.

13. Secondo la polizia, alcuni dei ladri hanno milioni di euro in banca.

14. Non fermatevi davanti al negozio, entrate dentro, per favore.

15. I corvi erano appoggiati sullo spaventapasseri.

16. Il nuovo treno è molto veloce. Puoi essere da Napoli a Venezia in 3 ore!

17. Poggiai/Ho poggiato il vaso dei genitori della mia fidanzata sul mobile in cucina.

18. Fra dieci minuti siamo da te.

19. Vorresti un po' di formaggio sugli spaghetti?

20. Vorrei che tu guidassi più lentamente, c'è il ghiaccio sulla strada!

21. Stai lontano dal fuoco, puoi bruciarti.

22. C'è una macchia sullo schermo del mio cellulare. Puliscila, per favore.

23. La ragazza prese tre mele dal cesto e le mise nella busta.

24. Ho visto la signora Rossi andare in palestra con le sue amiche.

www.ingramcontent.com/pod-product-compliance
Lightning Source LLC
Chambersburg PA
CBHW050346290526
45785CB00006B/2662